Le père dont l'enfant
vit un problème de santé

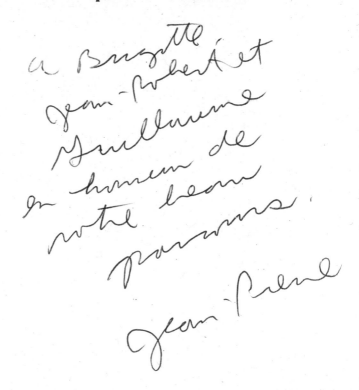

Le père dont l'enfant
vit un problème de santé

Jean-Pierre Plouffe

Éditions du
CHU Sainte-Justine

Catalogage avant publication de Bibliothèque et Archives nationales du Québec et Bibliothèque et Archives Canada

Plouffe, Jean-Pierre, 1958-

     Le père dont l'enfant vit un problème de santé

     Comprend des réf. bibliogr.

     ISBN 978-2-89619-124-6

1. Parents d'enfants malades chroniques. 2. Père et enfant. 3. Paternité. I. Titre.

HQ759.913.P56 2008   306.874'2   C2008-941912-X

Infographie et couverture: Madeleine Leduc
Photo de la couverture: Nancy Lessard

Diffusion-Distribution au Québec: Prologue inc.
                en France: CEDIF (diffusion)
                          Daudin (distribution)
                en Belgique et au Luxembourg: SDL Caravelle
                en Suisse: Servidis S.A.

Éditions du CHU Sainte-Justine
3175, chemin de la Côte-Sainte-Catherine
Montréal (Québec) H3T 1C5
Téléphone: (514) 345-4671
Télécopieur: (514) 345-4631
www.chu-sainte-justine.org/editions

© Éditions du CHU Sainte-Justine, 2008

Dépôt légal: Bibliothèque et Archives nationales du Québec, 2008
                Bibliothèque et Archives Canada, 2008

Les Éditions du CHU Sainte-Justine sont un membre partenaire de l'Association nationale des éditeurs de livres.

Ce livre est imprimé sur un papier entièrement recyclé.

À mon épouse Emmanuelle, pour ce que nous créons ensemble.

Remerciements

Je tiens à remercier chaleureusement Luc Bégin, Marco Bernard et sa famille, Josée Chénard, le docteur France Gauvin et Frédérique Saint-Pierre pour leurs conseils, leur collaboration et leur soutien.

Table des matières

∎

Introduction

◾

Toi ? C'est le sauvetage de ton fils. Tu t'échanges. Et tu n'éprouves pas le sentiment de perdre à l'échange. Tes membres ? Des outils. On se moque bien d'un outil qui saute, quand on taille. Et tu t'échanges contre la mort de ton rival, le sauvetage de ton fils, la guérison de ton malade, ta découverte si tu es inventeur.
Antoine de Saint-Exupéry, pilote de guerre

Le fait de devenir père présente en soi des défis importants. Lorsque l'enfant est malade ou blessé, des défis supplémentaires s'ajoutent. L'impact émotionnel sur la famille est bouleversant. Par ailleurs, le père réagit souvent différemment de la mère devant la réalité d'être le parent d'un enfant ayant un problème de santé. Les chercheurs autant que les cliniciens affirment que même si le père vit forcément les mêmes sentiments que la mère au chevet de l'enfant malade ou blessé (tristesse, inquiétude, impuissance, colère, etc.), il existe une spécificité dans la manière dont il les éprouve et les exprime. En fait, il les exprime souvent moins, les gardant surtout ensevelis en lui-même. De plus, il cherche à les traduire en actions. Par exemple, le senti-ment d'impuissance le pousse vers ce qu'il peut faire de concret, comme surveiller les moniteurs de signes vitaux, et la colère débouche généralement sur des critiques et des revendications envers le personnel soignant.

Cette tendance tient beaucoup aux valeurs masculines traditionnelles. Celles-ci misent sur la maîtrise de soi et de l'environnement. Elles entrent parfois en conflit avec les valeurs plus féminines de l'expression affective, de la tendresse et de la sollicitude ou, au contraire, elles s'agencent dans une complémentarité harmonieuse entre les rôles maternels et paternels.

De façon générale, il n'est pas facile d'être père aujourd'hui. Dans la société occidentale contemporaine, il n'y a plus une définition unique de la paternité, mais au contraire de multiples modèles. La paternité émerge au sein d'une grande variété de configurations familiales. On retrouve, entre autres, des familles traditionnelles, reconstituées, monoparentales et homo-sexuelles. Dans chaque configuration familiale, le père doit défi nir sa place par rapport à ses attentes, à ses espoirs et à ses inquiétudes, en tenant compte aussi des autres membres de la famille. Il tisse son identité à partir de filons soit traditionnels, soit actuels et personnels. Il y a toutefois une forte tendance à définir la paternité comme le fruit d'une relation spontanée entre un père et son enfant, c'est-à-dire comme une connivence qui se cultive entre eux grâce à des activités principalement ludiques.

La paternité n'étant pas définie de nos jours comme une interaction formelle guidée par des règles de conduite, le rôle du père n'est plus déterminé à l'avance ni par les habitudes sociales ni par les lois. Il n'y a plus un modèle unique, clairement circonscrit et auquel tous sont censés se conformer, tel que le père distant, taciturne, celui qui sait se faire obéir au doigt et à l'œil…

Cette nouvelle conception de la paternité est émancipatrice, dans la mesure où cela laisse davantage de place aux individualités du père et de l'enfant. Toutefois, le manque de balises sociales précises peut aussi s'avérer une source d'insécurité pour le père. De plus, dans un contexte où l'enfant a un problème de santé, la façon dont le père agit avec son enfant peut se trouver profondément transformée.

Le présent ouvrage brosse un portrait de cette réalité paternelle et ouvre des pistes susceptibles d'aider le père à s'adapter à la condition médicale de son enfant. Il s'agit de favoriser chez lui une conscience plus profonde du sens de sa paternité dans ce contexte, autant par rapport aux émotions et aux actions qui en découlent qu'au regard de la situation familiale tributaire de la maladie.

Comme entrée en matière, nous présenterons brièvement certaines facettes générales de la paternité actuelle, pour mieux nous situer. Nous aborderons la spécificité de la réalité paternelle et la manière dont elle se distingue de la réalité maternelle. Il s'agit, bien entendu, de tendances et non d'absolus. Quoiqu'il existe des tendances paternelles dans le contexte où un enfant vit un problème de santé, il n'y a pas de modèle unique à reproduire ni de prescription à suivre quant au comportement du père. On retrouve dans de telles situations une grande latitude en ce qui concerne le vécu et l'expression de la paternité. L'individualité du père et les particularités de chaque famille contribuent énormément à cette latitude.

Les témoignages présentés dans le présent livre sont de monsieur Marco Bernard (M.B.), dont la fille Zoé a souffert d'une cardiomyopathie dilatée idiopathique et a reçu, en 2008, une greffe cardiaque à l'âge de 2 ans. Par ailleurs, les exemples de cas proviennent de l'expérience clinique de l'auteur (J.-P.P.) et ont été largement modifiés afin de respecter la confidentialité.

CHAPITRE 1

Ce qu'est la paternité

Trois images du père

La paternité nous est familière. Enfants, nous avons tous connu un père ou, du moins, une figure paternelle. La plupart du temps, nos représentations du père se fondent sur des souvenirs et des impressions profondément ancrés en nous. Avec un certain recul, on voit que la paternité se manifeste de différentes façons; en effet, il y a le père social, le père réel et le père intérieur.

Le père social

Le **père social** prend forme lorsque plusieurs personnes valident une image ou des images du père. On retrouve souvent ces images dans les publicités télévisées: par exemple, un père en train de lancer un ballon à son fils devant la maison familiale. C'est le père convenu, habituellement associé à des activités ludiques à l'extérieur de la maison. Toutefois, la réalité déroge souvent de ce modèle et d'autres modèles proposés, comme celui du père qui convoite une vrille électrique à la quincaillerie.

Dans le contexte où l'enfant a un problème de santé, le père social existe aussi. Il s'agit alors d'un ensemble d'attentes et de stéréotypes. Par exemple, l'entourage du père et l'équipe médicale peuvent s'attendre à ce que le père soit stoïque et s'en tienne à épauler la mère en silence.

Le père réel

Le père social est ce que la société propose. Toutefois, chaque père incarne son rôle à partir de sa personnalité, de ses forces et de ses faiblesses, ainsi que selon ses façons de se voir et de voir les autres. Fruit de cet effort, le **père réel** est en somme le père au singulier dans toute son unicité. Il s'agit du père en chair et en os, dans le quotidien, au sein de la famille.

Devant son enfant malade, un père peut ne pas s'identifier à la version stoïque du père social. Au contraire, il peut verser des larmes et se montrer même plus présent au chevet que ne l'est la mère. En ce sens, chaque père est unique.

Le père intérieur

Le **père intérieur** habite chaque personne. Il s'agit du père tel que la mère et les enfants se le représentent... et tel qu'il se représente à lui-même. Cette image du père ne correspond pas nécessairement au père réel ni au père social. Un jeune enfant peut voir son père comme un champion de hockey, alors que celui-ci n'est en fait qu'un humble joueur dans une obscure ligue régionale. Un père peut voir son propre père comme un être froid et distant, alors que ce dernier n'est que réservé. Le même père peut avoir l'impression qu'il ne s'engage pas assez auprès de ses enfants alors qu'il manifeste beaucoup de présence lorsqu'ils sont ensemble.

Par contre, si le père au chevet de son enfant malade n'exprime pas ses émotions, il peut dans son for intérieur être très conscient de l'énorme chagrin qu'il vit et se voir comme un homme qui ne peut rien faire pour aider son enfant. À ses côtés, sa conjointe peut regarder au-delà de son visage impassible et deviner les profondeurs de sa détresse. Elle peut se le représenter à elle-même comme un homme à la fois très sensible et très fort. Le père intérieur peut donc être très différent de la façade qu'il présente au monde.

Devenir père

La paternité peut se réaliser dans toutes sortes de circonstances. Certaines s'avèrent relativement faciles, d'autres le sont moins. Il y a les grossesses planifiées et celles qui prennent au dépourvu. Le fait d'apprendre subitement qu'on va devenir père peut être déstabilisant. Une rupture conjugale, ou encore la maladie grave d'un proche, de l'enfant ou du père lui-même, voilà autant de défis à relever.

Du côté des conditions aidantes, le soutien et l'encouragement de la famille élargie sont des atouts, tandis que des embûches sur le plan de la conciliation du travail et de la vie familiale ou sur le plan de la recherche d'emploi peuvent rendre plus ardue l'adaptation à la paternité.

Un père peut vivre un conflit entre la culture d'origine de ses parents ou de ses beaux-parents et celle du pays d'accueil. Une telle situation survient, par exemple, lorsque les parents du père sont d'origine pakistanaise et ses beaux-parents d'origine allemande, alors que lui-même et sa conjointe sont nés au Québec et s'identifient davantage à la culture québécoise. Il peut alors être question de différences importantes en ce qui a trait aux modèles paternels provenant de chaque culture. Ces circonstances obligent le père à harmoniser les contrastes culturels en lui-même et par rapport à certains membres de la famille.

Lorsqu'un enfant est malade ou blessé, l'existence d'un contexte difficile alourdit le fardeau du père, qu'il s'agisse de tensions conjugales ou d'un employeur peu disposé à permettre au père d'être plus présent au chevet de son enfant. Les contrastes culturels peuvent aussi poser un problème, car la ligne de conduite paternelle de la culture d'origine du père peut aller à contre-courant de la culture d'origine de sa conjointe ou des normes et règlements de l'unité des soins.

Devenir père – comme devenir mère – est une étape importante de la vie. En fait, il s'agit d'un processus qui est toujours en évolution. On ne devient pas père une fois pour toutes. Le père se développe au fil des événements de la vie, par son vécu émotionnel, ses réflexions et ses actions, ainsi que selon les dynamiques de la famille.

L'inachevé rencontre l'inconnu

Avant de devenir père, chaque personne a vécu une tranche plus ou moins importante de sa vie. Jusqu'à la naissance de l'enfant, l'histoire du père est faite de relations au sein et à l'extérieur de la famille et de différentes activités, études, loisirs et travail. Le père en devenir a donc habituellement déjà atteint certains objectifs, cultivé des relations et développé une gamme de compétences. Dans la majorité des cas, il lui reste aussi des choses à accomplir: par exemple, gravir les échelons en ce qui concerne son métier ou se réconcilier avec son propre père à la suite d'un conflit qui traîne depuis plusieurs années. Ces projets ou ces situations forment l'inachevé dans sa vie et peuvent exiger beaucoup de lui.

Par ailleurs, le père en devenir fait face à l'inconnu. Il anticipe dans une certaine mesure l'impact de l'enfant sur sa vie, bien qu'il ne sache pas précisément ce qui l'attend. Il est important de noter aussi que le père ne connaît pas l'enfant attendu. Son enfant est essentiellement un inconnu. De son côté, la mère le connaît déjà avant qu'il naisse, car elle le porte pendant la grossesse et elle sent sa présence dans son corps par diverses manifestations physiologiques. Quand le père pose sa main sur le ventre de la mère, il peut parfois sentir les mouvements du bébé, mais il devra attendre l'accouchement pour le connaître davantage.

Le père doit donc à la fois apprivoiser l'inconnu vers lequel s'oriente sa vie et faire la connaissance de cet inconnu qu'est son enfant. Il s'agit d'une situation qui peut être autant stimulante que déstabilisante.

> M.B.- « Quand j'ai eu un enfant, tout ce que je regardais me touchait, c'est drôle à dire. Je regardais un film triste, j'avais les larmes aux yeux, je pleurais plus facilement... »

La plupart des pères vivent la découverte de leur enfant dans la joie et parviennent à s'adapter aux changements que provoque sa naissance. Dans certains cas, toutefois, le père se sent désemparé devant un avenir qu'il arrive difficilement à cerner et il peut même se trouver irrité par la venue d'un enfant qu'il voit comme un obstacle à la réalisation de ses projets inachevés.

Cela est d'autant plus vrai lorsqu'un problème de santé afflige l'enfant. L'inconnu est souvent un facteur important dans de telles circonstances. La crainte et l'incertitude émergent alors en force et perturbent les efforts d'adaptation des parents, surtout du père qui tient souvent davantage à exercer un contrôle sur la situation.

Les espoirs et les craintes

Il est tout à fait normal pour un nouveau père de se sentir tiraillé entre des craintes et des espoirs. D'une part, il a peur de perdre l'intimité qu'il vit avec son épouse et d'être contraint de « partager » cette femme avec l'enfant. D'autre part, il a hâte de vivre l'intimité avec son enfant et de le prendre dans ses bras. Il a peur de ne pas réussir à bien changer la couche ou à donner adéquatement le biberon, peur aussi de ne pas gagner assez d'argent, de ne plus avoir le temps de bricoler ou de sortir avec ses amis. En même temps, il a hâte d'emmener son bébé se promener dans le parc, de manger avec lui et d'assister à ses premiers pas.

Son attitude envers lui-même ne lui facilite pas nécessairement la tâche. En effet, les pères ont souvent tendance à être exigeants envers eux-mêmes, comme s'ils devaient immédiatement tout réussir à la perfection. Qui plus est, les médias leur envoient un message contradictoire. D'une part, ils nourrissent les exigences du père en brossant parfois le portrait du père idéal qui travaille fort et qui a des forces en réserve non seulement pour jouer à fond de train avec les enfants, mais aussi pour s'adonner à des tête-à-tête romantiques. D'autre part, ces mêmes médias minent la confiance des pères en les représentant parfois comme des paresseux ou des incompétents que la conjointe et les enfants doivent ramener sur la bonne voie.

Qu'est-ce qui peut soutenir un père partagé entre craintes, espoirs et exigences corsées ? Premièrement, le père peut assouplir son attitude envers lui-même, reconnaître qu'il est en apprentissage et tirer profit autant de ses bons coups que de ses erreurs. Deuxièmement, il peut se rappeler que tout ce qu'il fait en tant que père – si ce n'est que par sa présence – peut contribuer au développement cognitif et social de l'enfant, tel que nous l'indiquent les plus récentes données en sciences sociales*. Troisièmement, en étant reconnu par la mère comme une figure salutaire auprès de l'enfant, le père développe un sentiment de compétence et d'utilité. Enfin, l'entourage peut aider le père en lui reflétant son importance dans la vie de l'enfant.

Dans les circonstances où l'enfant est malade, le père cherche probablement moins à maîtriser la situation et davantage à être à l'écoute des besoins de l'enfant, de la fratrie et de son épouse. Il peut ensuite trouver des moyens de répondre à ces besoins, que ce soit en apportant son calme et sa tendresse au chevet ou en assurant le revenu familial.

> M.B.- « Être un père, c'est être présent et être capable de soutenir ma fille, c'est être là avec ma conjointe… Notre fille, elle est jeune, elle a besoin de nous. »

Le deuil comme négociation et transformation

Devenir père entraîne le renoncement à certaines choses et l'ouverture à d'autres. Les besoins du bébé et de la mère ainsi que la situation générale de la famille font en sorte que le père se retrouve à la fois devant des possibilités et des contraintes.

---

* (Le Camus, 2000 ; Lamb, 2004).

Il ne pourra plus, par exemple, s'adonner autant à son sport préféré s'il souhaite s'investir davantage auprès de l'enfant et de la famille. Il devra peut-être même renoncer complètement à certaines de ses activités de loisir. Les pertes sur le plan des habitudes de vie cèdent la place aux activités paternelles. Ce processus peut certainement être gratifiant, mais cela n'empêche pas qu'il est parfois associé à des sentiments de tristesse et d'irritation, car il s'agit en partie d'un deuil.

Le père n'est pas une figure passive. Il peut être actif, dans la mesure où il reconnaît les possibilités et les contraintes de la situation et s'il vise un équilibre qui répond adéquatement à ses besoins et à ceux de la famille. Pour y arriver, il doit nécessairement accepter certaines contraintes et s'ouvrir à de nouvelles possibilités. L'évaluation de la situation et la négociation doivent se faire avec la mère de l'enfant. L'issue de cette négociation ne se réduit pas à un nouvel horaire et à une nouvelle liste de tâches. Elle représente en quelque sorte une transformation du père à travers les liens qu'il a noués entre son passé, son présent et son avenir, ainsi qu'entre lui-même et sa famille.

> M.B.- « Au début, quand les jumelles étaient allaitées, je me levais, j'allais les chercher dans leur lit, je les emmenais à leur maman, celle-ci les allaitait, je les reprenais et je les ramenais dans leur lit. On faisait chacun notre part, moitié-moitié, même quand je travaillais. J'avais hâte qu'elle finisse de les allaiter parce que j'avais hâte de pouvoir leur donner du bon, faire ma part… Je ne suis pas meilleur qu'un autre, je ne suis pas plus fin qu'un autre, mais j'entends les papas dire " Non, ma femme s'en occupe, moi je travaille ". J'ai besoin d'autre chose,

j'ai besoin d'aller chercher quelque chose chez mes enfants, pas de prouver quoi que ce soit, mais de leur montrer que leur père est là autant que leur mère. »

Au chevet de l'enfant malade ou blessé, le père gagne à prendre en compte les possibilités et les contraintes que la situation lui impose. Cela implique non seulement de reconnaître une certaine impuissance, mais aussi de constater que sa présence en soi peut représenter une force pour l'enfant et pour la mère.

CHAPITRE 2

Le père au quotidien

Pour la plupart des gens, le père et la mère offrent chacun un modèle de genre à l'enfant du même sexe et un modèle de genre complémentaire à l'enfant du sexe opposé. Par ailleurs, la façon dont le père se distingue de la mère varie selon les pratiques sociales, la culture d'appartenance des parents et leurs individualités respectives.

Les rôles attribués au père et à la mère ne sont toutefois plus exclusifs. En effet, les pères d'aujourd'hui deviennent, par exemple, plus communicatifs et les mères s'adonnent davantage à des activités sportives. Sur le plan de la discipline, il n'est pas rare de voir un père hésiter à intervenir auprès de son enfant qui refuse de suivre une consigne. Il ne se sent pas à l'aise, il a peur de passer pour trop autoritaire et il finit parfois par solliciter l'engagement de la mère, puis de lui céder la responsabilité de poser des limites et d'imposer des conséquences, ce qui relève traditionnellement du père. À l'hôpital, au chevet de l'enfant, c'est parfois le père qui se montre « mère poule » et la mère qui s'intéresse aux aspects techniques des traitements.

Si le fait d'être le représentant du genre masculin n'a plus la même importance dans le rôle paternel, que reste-t-il de la spécificité du père?

Les fonctions paternelles

Le rôle paternel se rattache aux gestes et aux activités du père et à l'utilité qu'ils ont pour l'enfant; par exemple regarder un film à la télé avec son enfant ou lui permettre de partager le plaisir de visionner le film avec un être cher. Le film porte peut-être sur un sujet qui intéresse à la fois le père et l'enfant. La connivence qui en résulte fait aussi partie de la fonction paternelle. L'enfant a besoin de cette connivence pour se développer en tant qu'individu social, afin d'apprendre ce que c'est que d'avoir des atomes crochus avec quelqu'un.

La fonction paternelle répond à trois ensembles de besoins : les besoins de l'enfant, les besoins de la mère et les besoins du père. Ces besoins prennent habituellement une forme relationnelle. Le père apporte donc quelque chose de vital à sa relation avec l'enfant, avec la mère et avec lui-même. Nous verrons plus loin comment il répond aux besoins de l'enfant. De manière générale, les experts, comme le psychologue français Jean Le Camus, affirment que le père a un impact positif sur les compétences sociales, les capacités cognitives et l'identité de l'enfant.

À la mère, le père apporte d'abord du soutien et de la solidarité en tant que coparent. Dans certaines circonstances – séparation du couple, divergence par rapport aux mesures disciplinaires à l'égard du comportement de l'enfant, etc. –, cela entraîne la nécessité d'une discussion afin d'arriver à un consensus ou à un compromis.

Quant au père, il a besoin de puiser en lui de grandes réserves de confiance. Il a aussi besoin d'un esprit d'ouverture afin de profiter de la rétroaction et de l'aide d'autrui ainsi que des modèles que les autres peuvent représenter.

Le pont qui mène au-delà de la mère

Le fait que le père soit différent de la mère apporte déjà un soutien à l'enfant dans la formation de son identité. Il peut l'aider à s'aventurer graduellement et avec confiance au-delà de la mère. Il s'agit ici de ce qu'on appelle la fonction séparatrice du père ou de la figure paternelle, qui assiste l'enfant dans son développement en tant qu'individu. Cette fonction peut se manifester au sein d'un couple parental hétérosexuel ou homosexuel, pourvu qu'un des deux parents accompagne davantage l'enfant vers le monde extra familial.

> M.B.- « J'ai joué au hockey parce que je voulais jouer. Mes parents se levaient à 5 heures du matin pour m'y amener, pour me suivre, ils ont tout fait pour moi dans les sports, pour mon frère et ma sœur également. Ils m'ont toujours inculqué ce principe: « Si tu commences quelque chose, finis-le, point à la ligne. » Avec ma fille, je me disais que ce serait la même chose… Surtout que j'ai trois filles, je n'ai pas de garçons, je veux aller chercher une complicité, je ne veux pas que, plus tard, elles aillent seulement voir ma femme pour parler, pour se confier. Je veux qu'elles soient capables de venir voir leur père, de se confier à moi, de me parler. Ça va me faire plaisir de faire ça, c'est un besoin que j'ai. D'où il vient exactement ce besoin-là, je ne sais pas. »

La situation est radicalement différente lorsque l'enfant vit un problème de santé. Il est alors moins indiqué d'accompagner l'enfant dans ses explorations au-delà de la mère. Dans ces circonstances, l'enfant a davantage besoin de sécurité et de réconfort. Traditionnellement, c'est la mère qui répond à ces besoins. Toutefois, le père peut aussi promouvoir le sentiment de sécurité chez l'enfant par le calme de sa présence, par des mots d'encouragement et par sa contribution à la continuité de la vie familiale.

Les modèles identitaires

Le père est très souvent une des premières figures d'attachement de l'enfant. Il est aussi une des premières références pour l'enfant en ce qui a trait à la façon d'être dans le monde. L'enfant observe comment ses parents se comportent sur le plan social, ce qui les intéresse, ce qui les touche, ainsi que leur manière d'incarner leur sexe, c'est-à-dire d'être homme ou femme. Le garçon s'inspire beaucoup du père pour former son identité sexuelle. Aux yeux de la fille, le père représente un premier modèle masculin et il a ainsi un impact sur les attentes qu'elle aura à l'égard des hommes. Fille et garçon puisent dans l'humanité du père et en retiennent des valeurs, des attitudes, des méthodes, des gestes et des sensibilités. Tous ces éléments contribuent à leur devenir en tant que personnes.

Ce phénomène se produit également à l'hôpital quand, par exemple, l'enfant reçoit des soins et se tourne vers sa mère et son père afin de mieux déterminer la façon d'être et d'agir dans la situation. Si le père est insatisfait des soins et agit avec irritation ou agressivité, l'enfant ne trouvera dans ce comportement paternel aucune prise identitaire ou, tout au contraire, il calquera son comportement sur celui du père.

Le témoin et le miroir

Le regard du père est très important. Les enfants ont besoin d'être vus par leur père. Parfois, ils ont aussi besoin de regarder dans la même direction que lui, de fixer le même objet en partageant le même point de vue.

Quand le père regarde son enfant, il est témoin de ses efforts et de ses réussites. Voilà pourquoi, au parc, avant de se lancer dans la glissade, la fillette crie : « Regarde, papa ! » Le père est alors un témoin qui valide ce qu'elle lui présente. L'enfant se sert de cette validation pour tonifier son estime de soi et forger son identité.

L'enfant se trouve reflété dans le regard du père. Il y voit une image plus ou moins valorisante de lui-même, selon le regard du père. Quand l'enfant et le père regardent la même chose – un tigre au zoo par exemple – l'enfant est en mesure de vérifier dans le regard de son père si celui-ci partage son point de vue et son vécu par rapport au tigre. Il s'agit chez l'enfant d'une quête de connivence qui intensifie l'expérience et soutient la formation de l'identité : « Si papa est excité comme moi, cela veut dire que le tigre est quelque chose d'excitant et que j'ai raison d'être excité. »

Petit à petit, l'enfant cultive son regard sur lui-même et sur le monde, regard qui se distinguera progressivement et à certains points de vue de celui de ses parents.

Le regard que jette le père sur son enfant qui vit un problème de santé n'est jamais banal. L'enfant scrute ce regard afin de se faire une idée plus claire de la situation et de ce qu'il est, lui, dans cette situation. Un regard inquiet du père peut donner l'impression à l'enfant qu'il est aux prises avec une maladie indomptable, même si cela est loin d'être le cas. Un sourire chaleureux et des mots d'encouragement peuvent, au contraire, rassurer l'enfant et lui donner confiance en lui et dans les gens qui l'entourent et le soignent.

Chapitre 3

Lorsqu'un problème de santé survient

Une maladie ou une blessure, cela peut atteindre l'enfant à tout moment. Lorsqu'un problème de santé survient, il est souvent inattendu. Il se présente aussi à un moment spécifique dans le développement de l'enfant et dans le cheminement de la famille.

Pour les parents, composer avec la maladie de son enfant est une épreuve, quelles que soient les circonstances. L'âge de l'enfant a toutefois un impact particulier sur la souffrance des parents. Un nourrisson malade les remplit d'inquiétude, d'autant plus que l'enfant peut à peine s'exprimer. Si l'enfant est d'âge préscolaire, on se préoccupe des répercussions de la maladie sur les grands apprentissages effectués à cette étape du développement. Quant à l'enfant malade ou blessé qui fréquente l'école primaire, on souhaite qu'il ne manque pas trop de journées d'école. À l'adolescence, c'est non seulement le parcours scolaire, mais aussi la vie sociale, les activités parascolaires et l'estime de soi qui sont potentiellement compromis par un problème de santé.

En même temps que l'enfant grandit, le père se développe en tant que parent. Les liens avec son enfant se tissent, la personnalité de l'enfant lui est de plus en plus familière. Il accumule ainsi une compétence qui lui sera probablement fort utile lorsqu'il aura à comprendre les besoins de l'enfant malade et la manière dont il peut y répondre.

La joie interrompue

La paternité n'est pas un fil ininterrompu de félicités, car des défis réels jonchent la route qu'emprunte chacun. De plus, il arrive probablement à chaque père d'entretenir des craintes avant même qu'une difficulté se présente. Des scénarios catastrophiques peuvent traverser son esprit : « Si ma fille était blessée dans un accident de la route ; si mon fils succombait à une maladie grave. » L'être humain a la capacité d'imaginer de telles situations qui sont souvent la manifestation de notre attachement pour nos enfants ; nous tenons à eux et leur bien-être nous tient à cœur. Il est tout à fait normal d'avoir peur de perdre ce que nous chérissons.

> M.B.- « Quand […] je suis avec ma fille, elle dort, je la regarde et je viens les yeux pleins d'eau parce que je pense aux bons moments qu'elle m'a donnés... »

Par contre, quand la santé de l'enfant est réellement en jeu – qu'il s'agisse d'un problème congénital, acquis ou lié à un accident – c'est un dur coup. La joie du père est alors fauchée et fait place à une profonde tristesse ainsi qu'à une grande peur dont il n'est pas toujours entièrement conscient. Il craint de perdre son enfant ou que l'enfant développe des incapacités. Souvent, il hésite à exprimer sa tristesse, de peur de miner le moral de la famille ou de paraître faible.

Simultanément, le père ressent d'habitude une intense volonté d'agir, de faire quelque chose pour sauver son enfant. Cette volonté, qui provient de l'accent que met l'homme sur la raison et l'action, peut occuper une grande place dans sa conscience.

Le père est tiré vers l'intérieur par la tristesse et la peur, tout en étant poussé vers l'extérieur par son désir de venir en aide à l'enfant. Il s'agit d'un déchirement pénible. Devant ce dilemme, de nombreux pères cherchent à maîtriser à la fois leurs émotions et la situation.

> M.B.- « On nous a lancé ça. Le médecin est entré et nous a dit : "Votre fille ne va pas bien, votre fille a une grosse maladie. C'est une cardiomyopathie ". Puis, pendant qu'il était en train de nous expliquer, nous, on était assis dans le coin, à terre, on pleurait comme des bébés [...] Là, c'est un coup de masse dans le front, c'est pas facile, tu ne sais pas comment réagir, le ciel te tombe sur la tête, c'est un peu la fin du monde. Qu'est-ce qui arrive après ça, pourquoi ça nous arrive à nous, on veut des enfants, nos parents sont contents, l'entourage aussi, tout est merveilleux pour les enfants, et puis on se retrouve avec un enfant malade. Pourquoi nous autres ? [...] On s'est fait dire sans arrêt : " Ça vous arrive parce que vous êtes forts, vous êtes capables de passer au travers. " Mais je pense qu'il y a autre chose... »

Le père souhaite que l'enfant retrouve son intégrité physique. Toutefois, le contexte hospitalier fait le détail du corps, chaque organe et chaque fonction correspondant souvent à une spécialité médicale, neurologie, néphrologie... Cette spécialisation est rassurante pour le côté cartésien du père, qui y voit une grande efficacité. Mais la division des organes et des fonctions et leur arrimage à un arsenal technologique, tout cela rappelle aussi cruellement au père que le corps de l'enfant ne fonctionne pas parfaitement, ce qu'il tenait pour acquis jusque-là.

L'ours dans la chambre

> M.B.- « Là, il faut qu'on se relève, il faut qu'on tra-
> vaille, il faut qu'on travaille dans les coins et qu'on se
> dise " Regarde, on va passer au travers ". À un moment
> donné, on s'est dit " Comment on va faire ? " Puis, on
> s'est dit " Go with the flow ". »

Le docteur Yvon Lacroix, pédopsychiatre au CHU Sainte-
Justine, soutient que la détermination de nombreux parents qui
demeurent en état de vigilance au chevet de leur enfant malade
et qui réclament les meilleurs traitements relève à la fois de leur
attachement à l'enfant et de leur représentation de la maladie
ou de la blessure qui l'afflige. Par analogie, les parents voient
cette maladie ou cette blessure comme un ours dans la chambre
de l'enfant, c'est-à-dire comme une menace imminente contre
laquelle ils doivent défendre l'enfant. Cela explique la combativité de certains parents, surtout des pères, qui font preuve
d'une propension marquée à l'action et à la défense de l'enfant.

J.-P.P. – Magalie a 2 ans et elle est à l'Unité des soins
intensifs depuis trois semaines, souffrant de multiples pathologies. La mère est au chevet presque
vingt-quatre heures par jour. Elle est épuisée. Le père
demande un lit pour elle dans la chambre. Cela
s'avère impossible, étant donné l'exiguïté de la pièce et
la présence de nombreux moniteurs et instruments
médicaux. Le père insiste et la tension monte entre
l'équipe soignante et lui. Après de nombreuses dis-
cussions, la situation se calme : la mère commence à

> à faire davantage confiance à l'équipe et se permet des moments de répit au courant de la journée en s'absentant de la chambre.

L'enfant rêvé et l'enfant réel

Chaque père désire avoir un enfant en santé qui s'épanouit dans la vie. Il entretient aussi des rêves par rapport au devenir de l'enfant. Il souhaite que l'enfant réussisse à l'école, qu'il joue bien au soccer ou au football ou qu'il partage sa passion pour l'ébénisterie. Quand un problème de santé vient compromettre la réalisation de ces rêves, à court ou à long terme, l'espoir chez le père risque de se transformer en déception. Il doit alors adapter sa façon de voir l'enfant en tenant compte des retards dans la réalisation des rêves ou, dans des cas plus graves, des limites incontournables qui s'opposent à leur réalisation. Cette adaptation est un processus ardu qui peut prendre beaucoup de temps. Il est alors question de deuils, c'est-à-dire d'adaptation à des pertes.

Les pertes que subit l'enfant se retrouvent également chez le père: ce sont aussi des parties de lui qui sont menacées ou qui disparaissent. Il est alors important que le père fasse un bilan, qu'il identifie ce qui est menacé ou perdu et également ce qui est conservé et ce qui est ajouté. Ces moments difficiles peuvent l'amener à prendre conscience de ses forces intérieures et de celles qui sont mobilisées au sein de son couple et de sa famille; par exemple, la capacité de se montrer rassurant au chevet de l'enfant ou d'échanger des gestes de tendresse avec sa conjointe.

Ces forces lui sont peut-être familières. Elles peuvent aussi être demeurées jusque-là insoupçonnées.

> J.-P.P. – Pascal a 8 ans. Il s'est fracturé une jambe en tombant d'un arbre. Jusque-là, son père était habitué de le voir comme un joueur de hockey talentueux et il occupait un peu le rôle d'entraîneur à ses côtés. Le père mettra un certain temps avant d'accepter le fait que Pascal ne jouera pas au hockey cette saison et avant de se trouver un autre rôle auprès de lui.

Les divers médecins spécialistes peuvent apporter de l'information qui permet au père de mieux comprendre la condition médicale de l'enfant et sa réalité. Toutefois, le pronostic peut s'avérer difficile à formuler ; les spécialistes peuvent tarder à se prononcer de manière explicite. L'adaptation du père est alors beaucoup plus difficile.

Dans de telles circonstances, le père doit porter une attention accrue à l'information qui lui est transmise et évaluer avec justesse ses propres observations afin de brosser, petit à petit, un portrait fidèle de l'enfant réel par opposition à l'enfant rêvé. Lorsque le problème de santé de l'enfant est chronique, l'adaptation du père peut être plus longue. Il est toujours important qu'il sache qu'il existe de l'aide du côté des travailleurs sociaux et des psychologues et qu'il peut s'en prévaloir tout de suite ou plus tard s'il le souhaite.

M.B.- « On a un petit enfant malade, on l'aime au même titre que si elle était normale, même plus que si c'était une enfant normale… Elle a besoin de soins particuliers, on ne peut pas dire à un enfant : " Je t'aime moins parce que tu es malade, je t'aime moins parce que tu nous donnes plus d'ouvrage, je t'aime moins parce que tu n'es pas comme nous autres. " Ce n'est par correct, ce n'est pas logique […]. Catherine et moi, on aime Zoé, on aime se dire qu'on a gagné le gros lot en l'ayant. Pour rien au monde, on changerait cette petite puce-là. »

L'impuissance et les forces

M.B.- « Le lendemain, il y a eu l'opération. La première semaine, ce fut difficile, aux soins intensifs elle a piqué du nez, piqué du nez, elle ne buvait pas, elle ne dormait pas, tout allait mal. »

Quand son enfant a un problème de santé, surtout quand il s'agit d'une hospitalisation, le père vit un grand sentiment d'impuissance. À son chevet, il se demande quelle aide il peut apporter à l'enfant, quel geste il peut poser. Il fixe les moniteurs, il attend pour parler aux médecins, et le temps semble s'arrêter.

Lorsqu'il discute avec les médecins, le père décèle parfois une incohérence dans leurs propos ou un certain flou quant au diagnostic. Le flou et l'incohérence contribuent au sentiment d'impuissance du père, car il a alors l'impression que même les experts ne savent pas quoi faire.

> J.-P.P. – Pauline a 3 ans et elle souffre d'une maladie rare. Espérant trouver une cure plus efficace, son père passe beaucoup de temps sur Internet à s'informer sur la maladie. Les médecins évaluent patiemment les articles qu'il a imprimés. Ils l'informent qu'on n'y retrouve aucun traitement approprié et qu'ils ont déjà effectué une recherche exhaustive dans la documentation scientifique. C'est un dur coup pour le père.

Le sentiment d'impuissance est en partie un juste reflet de la réalité. Cependant, le père apporte aussi des forces au chevet de son enfant. Il est souvent plus enclin que sa conjointe à vouloir comprendre les concepts médicaux et le fonctionnement des instruments de mesure et de traitement. Cette tendance permet à la famille d'être bien informée. Il s'agit aussi d'un témoignage d'amour et de sollicitude de la part du père qui s'engage à sa façon. De plus, par sa présence, sa voix et son toucher, il rassure et encourage l'enfant et lui apporte une structure familiale dans un environnement hospitalier dominé par la technologie.

Nous verrons plus loin comment l'engagement du père au chevet de l'enfant peut compléter celui de la mère et contribuer à l'équilibre familial.

> M.B.- « Aujourd'hui, Zoé a ouvert les yeux, elle était sous respirateur, elle a bougé un bras, c'est une belle journée, mais on en profite au jour le jour… On a fait beaucoup de farces sur son problème d'alimentation. On s'est dit : " À 18 ans, elle aura sûrement commencé à manger quand elle ira à son bal de finissants. " Si elle

se rend à 18 ans, tant mieux, si elle se rend à 30 ans, tant mieux, si elle nous enterre, tant mieux ça aussi. [...] Je pense que les enfants, il faut qu'ils décident de tout, ce n'est pas à nous de décider si on veut que notre enfant vive ou qu'il se laisse aller, c'est à lui de décider. Je dis cela parce que, quand Zoé n'allait pas bien, la journée où ils l'ont intubée, on lui en a fait part, même si elle avait juste 2 ans : " Zoé, ça ne va pas bien, mais on est là pour te soutenir, pour t'aider. Si tu veux te battre, on va être là pour t'aider, pour te soutenir dans ta bataille, dans ta guerre, mais si tu veux partir et que tu te sens pas assez forte pour ça, on va être là également pour te soutenir dans la décision que tu auras prise ou que tu vas prendre.." J'en ai des frissons, j'en ai la chair de poule de parler de ça. Il y en a qui vont dire que je suis malade de parler comme ça à ma fille, que je suis fou. Mais je peux pas demander à un petit enfant de vivre parce que moi je veux qu'elle reste... »

Le besoin de se sentir en contrôle

M.B.- «On ne demande pas d'avoir le contrôle, parce que le contrôle c'est le médecin qui doit l'avoir. On demande juste d'être écouté sur les façons qu'on voit notre fille évoluer et d'être mis au courant de ce qui va se passer ou de ce qui se passe. Pourquoi elle réagit de telle ou telle façon, pourquoi elle ne réagit pas de telle ou telle façon, comment elle va réagir dans trois ou quatre jours, pourquoi on fait telle ou telle action. »

Les comportements dictés par la colère ou par le sentiment de culpabilité sont autant de moyens que le père se donne pour avoir l'impression qu'il maîtrise la situation. En fait, la situation lui échappe. L'absence de contrôle est au cœur de la réalité du père d'un enfant malade.

Le besoin de se sentir en contrôle demeure toutefois réel pour le père. Il veut aider son enfant et ne pas sombrer dans la dépression. La seule option qui s'offre à lui est de reconnaître ce qu'il apporte et ce qu'il peut apporter, tout en prenant conscience des contraintes et des limites que la situation impose.

Cette situation, il doit donc bien l'évaluer. Le dialogue avec sa famille ainsi qu'avec les médecins, les infirmières et les autres professionnels alimente cette évaluation. Il est important pour le père d'identifier avec eux où en est rendu le plan de traitement et jusqu'où il peut se poursuivre, puis de clarifier avec eux ses propres limites et celles de sa famille. De cette manière, le père évite de s'adonner à des revendications et à des griefs inutiles, et il se protège d'un excès d'exigences envers lui-même et sa famille.

> J.-P.P. – Une des façons que le père de Sandra a trouvée pour répondre à son besoin de contrôle, c'est de garder un carnet où il consigne les progrès chiffrés de la santé de sa fille.

Pour affronter le problème de santé de l'enfant, la combativité doit être au rendez-vous. Mais elle ne résout rien à elle seule. La famille et les soignants doivent travailler ensemble avec humilité, chacun reconnaissant ses capacités, ses limites et le besoin d'avoir recours aux autres dans un esprit de collaboration.

> M.B.- « Parfois, cette situation me frustre un peu parce que je ne peux rien y faire, on ne m'a pas mis au courant, je ne sais pas comment m'arranger avec cette situation-là. Je passe pour un papa qui veut faire de la discipline avec sa fille. Les gens me disent " Essaie pas de faire de la discipline : c'est un sevrage, ça ne donne absolument rien. " Là, je suis un peu perdu là-dedans. Mais c'est sûr qu'on va en reparler, on en parle et quand on en parle, on revient dans le bon chemin… »

Chez certains pères, le besoin de se sentir en contrôle se traduit par un geste de foi. Ils font ce qu'ils peuvent, soutiennent ce que font les autres et, pour le reste, s'en remettent à un pouvoir qui transcende l'humain. La forme que prend ce geste de foi varie selon les croyances et les pratiques spirituelles du père, mais cela implique dans tous les cas qu'on remet une partie du contrôle de la situation entre les mains d'un pouvoir supérieur, par l'intermédiaire d'un conseiller spirituel par exemple.

Le sentiment de culpabilité

Parfois, la volonté d'aider et l'impression de ne rien faire sont simultanément si fortes que le père se sent coupable de la lenteur avec laquelle son enfant se rétablit. De manière entièrement irrationnelle, il peut même se sentir coupable du problème de santé de l'enfant. Comme s'il en était la cause, il s'intente un procès, s'accusant d'avoir fait telle ou telle chose ou de ne pas en avoir fait assez.

J.-P.P. – Âgé de 12 ans, Sébastien est hospitalisé pour des traitements contre la méningite. L'équipe soignante note que le père critique beaucoup la mère sur des détails, la reprenant sans cesse lorsqu'ils parlent avec les médecins. Lors de ses rencontres avec les parents, la travailleuse sociale en vient à comprendre que le père se sent coupable d'avoir minimisé les symptômes, même s'il a amené Sébastien rapidement à l'urgence. Elle aide le père a désamorcer ce sentiment de culpabilité.

Le sentiment de culpabilité constitue une expérience très souffrante. À la longue, il peut se conjuguer à la profonde tristesse du père et mener à la dépression. Le père peut tenter de chasser cette souffrance en accusant d'autres, la mère ou le médecin, de manquer à leur devoir. Ces accusations provoquent de grandes tensions au sein de la famille ou entre le père et l'équipe médicale, perturbant parfois la tranquillité au chevet de l'enfant. Il est donc important pour le père de ne pas céder à ce sentiment de culpabilité et de se rappeler ce que lui et les autres apportent de constructif à la situation.

Cependant, la culpabilité peut représenter une manière de lutter contre l'impuissance en se dotant d'une certaine forme de contrôle. En se blâmant ou en adressant des reproches aux autres, le père a l'impression de jouer un rôle actif dans la situation.

M.B.- « Si c'est génétique, ça veut dire que c'est de ma faute et que c'est de la faute de Catherine. Mais je me dis : " Ça a beau être de ma faute, je ne le savais pas d'avance ". La culpabilité, c'est quand tu sais quelque chose que tu vas faire consciemment et volontairement et que tu regrettes après. Là, tu peux avoir de la culpabilité. Mais ici, moi je décide de mettre au monde un enfant parce que je veux vivre la paternité, parce que je veux des enfants, parce que je veux évoluer, parce que je veux vivre quelque chose de merveilleux avec ma femme. Pourquoi me sentir coupable si quelque chose arrive après? La vie est drôlement faite, non? J'ai dit à Catherine par la suite, je ne commencerai pas à me sentir coupable parce que j'ai mis au monde une petite fille qui a cette maladie-là… C'est facile de regarder en arrière et de dire "On aurait dû faire ça ou ça ". C'est facile d'analyser, de juger, mais si on regarde le présent, chaque petit moment qu'on passe est un cadeau que notre fille nous donne. C'est un cadeau qu'il faut prendre, qu'il faut saisir, il faut en profiter. »

La colère

M.B.- « On a vécu plein d'émotions. La colère vient souvent, oui, il y a de la colère, mais souvent c'est dur de mettre des termes sur les émotions qu'on vit. Est-ce de la colère, de la déception, de la rage, de l'angoisse? […] De la colère, on en a vécu, de la rage on en a vécu, de l'amour on en a vécu, des déceptions on en a vécu. On a tout vécu. »

Le problème de santé qui afflige l'enfant provoque habituellement chez le père l'impression qu'il s'agit d'une injustice ou d'un préjudice porté à l'enfant et à la famille. Cette impression s'accompagne de colère. Tout comme le sentiment de culpabilité, la colère cherche un bouc émissaire, c'est-à-dire quelqu'un pour porter le blâme. Mais le père n'exprime pas toujours sa colère. Il peut la garder enfouie afin d'en protéger sa famille et l'entourage.

La plupart du temps, le problème de santé de l'enfant tient du hasard, du destin ou – selon certaines croyances – de la volonté divine. Étant donné que ni le hasard, ni le destin ne représentent une cible satisfaisante pour la colère, le père l'oriente parfois vers le personnel soignant, car il considère qu'ils ne réparent pas adéquatement ou assez rapidement l'injustice ou le préjudice que représente à ses yeux le problème de santé. La colère peut aussi se retourner contre lui et faire des ravages sur le plan moral et par rapport à l'estime de soi, ou contre des membres de la famille, provoquant ainsi tensions et conflits.

J.-P.P. – Depuis l'hospitalisation de Sandra, âgée de 16 mois, son père exprime de la colère envers les infirmières dès qu'il a l'impression qu'elles dérogent le moindrement du plan de traitement. Une rencontre avec le médecin et le travailleur social lui permet de comprendre que les infirmières disposent d'une certaine latitude dans leur exécution du plan de traitement et que sa colère, bien qu'elle vienne de sa grande sollicitude à l'égard de Sandra, pourrait se transformer en une meilleure collaboration avec les infirmières.

La fuite et le répit

Les pères dont l'enfant a un problème de santé sont presque unanimes à dire qu'on ne peut pas se préparer à une telle expérience, qu'ils comparent à un cauchemar. Le père peut facilement être débordé. Submergé par des craintes et des inquiétudes, il est normal qu'il entretienne – souvent au fond de lui-même – un désir de fuir la situation. Ce fantasme, qui s'accompagne habituellement d'un sentiment de culpabilité, fait que le père n'en parle à personne.

Le père, gardant ce fantasme pour lui, se rend compte de la lourdeur de ce qu'il est en train de vivre. En reconnaissant la difficulté de la situation, il s'offre déjà une forme de soutien qui l'amène souvent à se tourner vers d'autres sources de soutien (travailleur social ou autre). Cela est important, car les pères se perçoivent souvent comme les piliers de la famille et par conséquent ils n'ont pas tendance à demander du soutien. Il arrive aussi que le travail procure du répit au père tout en lui permettant d'assurer la stabilité financière de la famille.

Lorsqu'il prend conscience du poids qu'il a sur ses épaules, le père peut aussi se rendre compte qu'il a besoin de répit. Le répit, ce n'est pas la fuite. C'est une façon de se ressourcer afin de mieux poursuivre son engagement. Le répit peut prendre des formes toutes simples; par exemple, une marche solitaire autour de l'hôpital, un repas au resto avec son épouse, une bonne nuit de sommeil ou deux heures de son activité sportive préférée. Il revient plus reposé à son engagement, que ce soit au chevet de l'enfant, au travail ou à la maison.

M.B.- « On ne voulait pas la laisser toute seule, on dormait une heure ou deux, quelqu'un entrait dans la chambre et on se réveillait, on s'approchait, on regardait faire les soins jusqu'au jour où la responsable des maladies infectieuses nous a dit : " Cette nuit, c'est moi personnellement qui prend soin de votre fille, vous vous en allez au Manoir, vous allez passer une bonne nuit, puis demain matin vous revenez. Votre fille a besoin de vous en forme, en bonne santé physique et mentale. Si vous passez ici vos nuits blanches, le jour vous êtes fatigués, vous êtes à bout de souffle, vous êtes épuisés, puis votre fille va avoir besoin de vous autres et vous ne serez pas en forme pour lui venir en aide. Elle a besoin de vous forts, capables de la soutenir et de l'aider dans ce qu'elle vit. " On l'a écoutée, et ça nous a grandement aidés. »

Certains pères ont tendance à imaginer le pire. Il leur est moins pénible d'explorer en détail des scénarios sombres – sans pour autant les souhaiter – que de demeurer avec une crainte floue. Cela les rassure, car ça leur permet de réfléchir à des pistes d'action « au cas où ». Ces scénarios peuvent aller jusqu'à la mort de l'enfant. Outre le fait de donner l'impression au père que ses pensées sont pratiques et utiles, ces scénarios négatifs lui donnent également l'impression qu'il s'inocule en quelque sorte contre leur impact, si jamais les scénarios se réalisaient.

Le désir de fuir se traduit parfois par le souhait que l'enfant décède. Cela soulagerait le père de l'immense fardeau et de l'insoutenable douleur que lui impose la situation en même temps que cela épargnerait de la souffrance à l'enfant malade et à sa famille. Dans un cas comme dans l'autre, ce souhait demeure secret et provoque un sentiment de honte chez le père. Il est donc important que ce dernier reconnaisse la souffrance qui est en lui et qui le pousse vers de telles pensées. Elles ne font pas de lui un mauvais père, mais elles témoignent plutôt de sa détresse. Le fait de mieux en comprendre l'origine peut réconcilier le père avec sa propre vulnérabilité et l'amener à compatir avec lui-même, l'enfant et la famille.

Le déni

À l'antipode de la tendance à anticiper les pires scénarios, on retrouve le déni. Plutôt que d'exagérer la réalité, un père peut éprouver de la difficulté à reconnaître la gravité du problème de santé de son enfant et aller jusqu'à le minimiser ou faire comme s'il n'existait pas. Le déni permet au père de ne pas vivre les sentiments douloureux associés au problème de santé de l'enfant et de braquer son attention sur des horizons plus positifs, quoique irréalistes.

> J.-P.P. – Thomas, âgé de 10 ans, a subi un traumatisme craniocérébral lors d'un accident automobile-vélo. Il a des atteintes neurologiques qui nécessitent une période de réadaptation. Le père a tendance à ne pas reconnaître les atteintes ou à les minimiser et il n'accepte pas le fait que Thomas devra peut-être recommencer son année scolaire.

De manière générale, la socialisation des hommes les amène souvent à miser sur le contrôle de soi et de l'environnement. Lorsque la condition de santé de l'enfant prive le père d'une bonne partie du sentiment d'être en contrôle de la situation, le refus – souvent inconscient – de constater l'ampleur de la maladie ou de la blessure de l'enfant risque de créer une illusion de contrôle. Aux yeux du père, la menace est alors moindre et les sentiments d'impuissance qui y correspondent sont donc proportionnellement atténués. L'amoindrissement de la menace satisfait également le besoin du père de voir son enfant hors de danger. Dans la mesure où cette posture mentale permet une transition graduelle vers la réalité, elle est propice à l'adaptation du père à la condition de santé de l'enfant. Le déni vient freiner l'intégration de la catastrophe et permet ainsi au père de l'intégrer par petites doses. Il vaut mieux ne pas bousculer trop rapidement ce déni transitionnel, car il protège la stabilité mentale du père.

Toutefois, il est important de ne pas perdre de vue que le déni est fait de fausses impressions qui ne sont pas au diapason de la réalité médicale. Il est donc important pour le père de ne pas céder à la tentation de se terrer dans le déni. Il doit vérifier régulièrement avec le personnel médical s'il a bien compris l'état de l'enfant. Par ailleurs, en devenant graduellement plus conscient de son déni, il peut recourir à de meilleurs moyens pour composer avec sa propre souffrance; par exemple, en parler avec un travailleur social ou un psychologue. Ces professionnels sont à même de l'aider à mieux gérer ses émotions tout en respectant son rythme.

> M.B.- « Je ne me dis pas que ça va bien [...] et je ne joue pas à l'autruche. Ça, c'est la dernière chose qu'on va faire; on s'est souvent dit depuis le début " On sait où on s'en va, on s'en va vers une greffe cardiaque ". Quand les médecins prennent des gants blancs pour nous dire " Ça va moins bien ", on le sait qu'on s'en va vers une greffe, dites-nous maintenant où on en est aujourd'hui. »

La prise de décision concernant les soins

La plupart des interventions médicales sur un enfant malade et qui est hospitalisé sont autorisées par un consentement aux soins accordé par les parents lors de l'admission à l'hôpital. Afin de respecter le principe éthique de l'autonomie, l'avis du jeune patient peut être pris en compte dans une certaine mesure au cours du processus décisionnel relatif aux traitements, à moins qu'il soit incapable de comprendre ou de s'exprimer en raison de son bas âge ou du fait qu'il est inconscient.

Toutefois, il arrive que le processus décisionnel n'implique que les parents et l'équipe médicale. En général, ceux-ci s'entendent sur le plan de traitement. Cependant, une divergence peut survenir entre les parents et les médecins. Par exemple, dans des cas complexes de cardiopathie, les parents peuvent souhaiter que l'équipe médicale ait recours à toute intervention susceptible de prolonger la vie de l'enfant. Or, l'avis des médecins et des autres membres de l'équipe médicale peut consister en une limitation des traitements dans un tel cas, car il serait futile selon eux d'aller plus loin; cela ne ferait que miner sérieusement la qualité de vie de l'enfant. À l'inverse, dans d'autres circonstances, les parents souhaitent limiter des traitements qu'ils considèrent comme trop invasifs, alors que l'équipe juge ces interventions essentielles au bon rétablissement du patient.

Face à de telles divergences, les parents et l'équipe médicale poursuivent un dialogue qui tient compte des valeurs de chacun ainsi que des données scientifiques. L'objectif est d'arriver à un consensus par rapport au plan de traitement.

Parfois, la divergence se situe au sein du couple, le père souhaitant, par exemple, que tout soit tenté pour sauver la vie de l'enfant, alors que la mère préfère que les interventions cessent et que l'on mise sur son confort et sa tranquillité. Les parents peuvent alors se tourner vers des personnes de confiance de leur entourage ou vers des professionnels de l'équipe afin de poursuivre la discussion et d'en arriver à une entente.

Dans certains cas, chaque parent et chaque membre de l'équipe médicale se retrouve devant le dilemme qui consiste à choisir entre le désir de prolonger la vie de l'enfant et le souci de sa qualité de vie. Tous se sentent profondément déchirés. Il s'agit souvent d'un choix entre la mort et une vie comportant une grande souffrance physique. Il est donc essentiel que les parents discutent entre eux de manière transparente et qu'ils le fassent aussi avec leurs familles, s'ils le souhaitent, et surtout avec les médecins, afin d'aboutir à un choix éclairé.

> J.-P.P. – Cindy a 3 mois. Elle est née avec de multiples malformations qui menacent sa vie. Les médecins expliquent aux parents qu'ils ont épuisé tous les recours de guérison raisonnables et qu'elle n'aura pas, selon eux, une qualité de vie adéquate. Ils proposent de ne pas réanimer Cindy si elle fait un autre arrêt cardiaque. Après plusieurs jours de discussion entre eux et avec les membres de l'équipe, les parents en arrivent au même avis que les médecins.

Dans certains cas, un deuxième avis médical ou une consultation auprès de l'unité d'éthique clinique de l'hôpital facilite la prise de décision en maximisant l'information et en favorisant le dialogue.

M.B.- «Quand on rencontre le médecin, on aime être présents tous les deux. Quand le médecin explique, moi je vais chercher une facette de ce qu'il nous dit et Catherine va en chercher une autre. Par la suite, on discute. Catherine rappelle que le médecin a dit telle chose, je lui réponds que le médecin a plutôt dit telle chose, et qu'il y a une nuance. Elle dit OK. Ou bien j'explique certaines choses et elle me dit non, Marco, c'est plutôt telle chose. Si nous ne sommes pas certains, nous redemandons au médecin. »

La solitude et l'accompagnement

Le père dont l'enfant est malade vit la solitude sur plusieurs plans. Souvent, il a tendance à garder ses émotions pour lui afin de ne pas troubler sa famille, particulièrement sa conjointe. Cette solitude affective est pénible, car elle le prive du soutien d'autrui sous forme de validation et de compassion. Le simple fait d'entendre un proche reconnaître que c'est difficile de vivre de la tristesse ou de l'impuissance suffit souvent pour procurer au père un certain soulagement.

Le père peut aussi se rendre compte que des amis ou des membres de la famille élargie prennent leurs distances plutôt que de se rapprocher. Ce recul peut être dû à un malaise, car certains ne savent pas trop quoi dire ou comment agir dans ces circonstances, parfois du fait que la condition de santé de l'enfant rappelle aux autres familles leur propre vulnérabilité, personne n'étant à l'abri.

> J.-P.P. – William a 4 ans et doit rester à l'hôpital
> encore plusieurs semaines pour des évaluations
> et traitements en lien avec la leucémie. Son père
> souhaiterait être le plus souvent possible à son
> chevet. Il travaille dans une entreprise familiale. Ses
> frères lui apportent un soutien moral important. Ils
> pourraient facilement le remplacer pour lui permettre
> de s'absenter, mais au contraire ils mettent beaucoup
> de pression sur lui afin qu'il reste au travail. En
> parlant avec eux, il découvre finalement que leur
> intention est de le distraire de la tristesse qu'il sem-
> ble vivre à cause de la situation de William.

Il arrive aussi que des membres de la famille soient en désac-
cord avec le traitement et qu'ils fassent constamment valoir leurs
opinions ou qu'ils proposent la fin des traitements dans le
but d'épargner des souffrances à l'enfant. Ces propos peuvent
facilement perturber la tranquillité d'esprit du père. On peut comprendre qu'il veuille alors s'éloigner de ces personnes.

Par ailleurs, il existe une forme de solitude anticipée par le
père qui craint que le problème de santé de l'enfant ne l'isole. Il
imagine l'exclusion sociale dont pourrait être victime l'enfant si
le problème de santé provoquait des séquelles et réduisait ses
capacités intellectuelles ou motrices. Les autres enfants pourraient
le rejeter et la société ne pas faire assez d'efforts pour l'intégrer.
Ces projections vers l'avenir sont très douloureuses pour le père
qui souhaite à son enfant une riche vie sociale.

Pour éviter cette solitude, plusieurs formes de soutien s'offrent
au père. Il peut se tourner vers des amis ou des parents de

confiance. Il peut avoir recours aux services du travailleur social, de la psychologue ou du conseiller spirituel. Des groupes de soutien sont également disponibles, souvent formés autour d'un problème de santé spécifique.

Beaucoup de pères hésitent à se prévaloir de ces formes d'aide, car elles représentent à leurs yeux la confirmation d'une faiblesse : « Je ne suis pas assez fort pour tenir tout seul. » Cependant, force est de constater qu'un père qui a la lucidité de reconnaître son besoin de soutien démontre une grande sagesse. Le fait d'aller chercher de l'aide lui permet d'être plus fort pour l'enfant et la famille.

Certaines formes d'accompagnement ou de soutien n'ont pas de rapport direct avec autrui. En effet, le père peut se sentir épaulé par le souvenir d'une personne qui lui redonne ses forces et qui le calme. Il peut s'agir de son propre père, par exemple. Selon ses croyances, la foi peut l'amener à se sentir soutenu par une présence divine ou sacrée.

Au courant de la journée, au travail, le père peut vivre un moment de tendresse salutaire en pensant à son enfant ou à quelqu'un qui lui procure le sentiment de ne pas être seul. Pour alimenter ces formes de lien, il peut garder sur lui la photo d'un proche, porter un bracelet que lui a remis l'enfant ou placer un de ses jouets et une de ses photos sur son bureau ou sur le tableau de bord de la voiture.

M.B.- « J'ai des employeurs très compréhensifs, je leur dois une fière chandelle, ce sont eux qui m'ont dit : " Ta fille est malade, ta famille a besoin de toi, vas auprès d'elle. " Donc, je peux dire que je suis

chanceux d'être tombé dans une grande famille, des
employeurs compréhensifs comme ça. »

Les rôles des parents

On constate, au fil de toutes les expériences que nous avons
décrites jusqu'ici, que le père joue certains rôles au sein de la
famille et envers l'équipe soignante. Il s'agit d'un phénomène
déterminé en partie par la socialisation masculine et par la définition sociale et culturelle de la paternité. L'héritage familial et
les particularités des pères en tant qu'individus y sont aussi pour
quelque chose.

Il y a de nombreuses exceptions, mais les pères se montrent
généralement plus intéressés que les mères par la technologie
médicale. Ils posent beaucoup de questions et, au chevet, sur-
veillent les moniteurs presque sans relâche. De son côté, la mère
se penche davantage sur le confort de l'enfant et cherche à le
rassurer. Moins préoccupée par la technologie, elle est souvent
moins dédaigneuse en ce qui concerne les plaies et les ponctions
veineuses, par exemple. Elle mise également sur la qualité de sa
relation avec l'équipe soignante. Souhaitant demeurer en bons
termes avec les soignants, la mère se montre d'habitude plus
conciliante ; elle a moins tendance que le père à critiquer l'avis
médical.

Cette complémentarité au sein du couple parental a été
observée autant par des cliniciens que par des chercheurs. La
plupart du temps, le père a un rôle de protecteur et d'avocat.
Soucieux à la fois de protéger son enfant d'une détérioration
de sa condition de santé et de préserver la relation qu'entretient
la mère avec les soignants, le père surveille, analyse et remet en

question les gestes et les énoncés de l'équipe. Il peut aller jusqu'à assumer l'odieux d'affronter des médecins dans le but d'assurer à l'enfant les meilleurs soins et d'épargner à la mère le rôle de l'avocat, ce qui pourrait compromettre son lien avec l'équipe.

Dans la mesure où le père agit avec tact et ouverture d'esprit, il contribue au dialogue entre l'équipe et la famille et, parfois, à l'amélioration des soins pour l'enfant. Cependant, lorsque le rôle de protecteur ou d'avocat débouche sur des confrontations agressives, le dialogue est perturbé et l'ambiance au chevet devient plus tendue. Cela nuit au rétablissement de l'enfant. Il incombe alors à chaque père de chercher comment il peut faire partie des solutions et ne pas contribuer au problème.

> J.-P.P. – Marie-Ève est hospitalisée en lien avec une réaction allergique. Elle a 7 ans. Son père est constamment en action. Il appelle des membres de la famille, leur envoie des courriels. Il prend des notes pendant les rencontres avec les médecins. Il pose beaucoup de questions aux infirmières. Il fait cela avec calme et discrétion, pendant que son épouse s'occupe du confort de Marie-Ève et la rassure.

Le père assume souvent un rôle de pilier affectif au sein de la famille. Il tente d'incarner la force intérieure, exprime peu ou pas ses émotions et affiche un optimisme circonspect. La mère, au contraire, agit d'habitude comme la soupape affective de la famille, pleurant plus facilement.

Un autre rôle du père concerne la liaison avec la famille élargie et le réseau social de l'enfant. La mère étant davantage mobilisée par les soins prodigués à l'enfant, le père est souvent celui qui communique l'information sur l'état de santé de l'enfant aux oncles, aux tantes et aux grands-parents, ainsi qu'à l'école, à la garderie ou aux amis de l'enfant. Le père devient en quelque sorte un agent de communication ou de liaison. Finalement, le rôle de pourvoyeur revient souvent plus rapidement au père; en effet, il est souvent le premier à retourner au travail afin d'assurer le revenu familial.

Il est important de souligner que ces rôles ne sont ni obligatoires ni inévitables. Chaque père et chaque famille agissent selon des valeurs et des habitudes qui leur sont propres. Cette réalité laisse la place à une grande diversité de rôles et de configurations familiales.

> M.B.- « Quand j'arrive à l'hôpital avec Zoé, elle voit très bien que je suis calme, elle voit très bien que je suis capable, que je me débrouille bien pour gérer les états de crise qu'il peut y avoir à l'hôpital. Tandis que si maman va à l'hôpital avec Zoé, maman est un petit peu plus fragile, maman est un petit peu moins à l'aise dans les hôpitaux. Tandis que moi, avec les jumelles, je suis un peu moins patient. Maman est très patiente, elle est merveilleuse avec les jumelles. On a chacun nos forces, maman, c'est les jumelles, papa, c'est d'aller à l'hôpital avec Zoé. »

Le couple

> M.B.- « Il y a des couples que cela va carrément distancer, la séparation est inévitable, mais nous autres, c'est le contraire. Je ne sais pas pourquoi.

> Probablement parce que notre couple est assez
> fort, dans le sens que ça nous a rapprochés, on est
> plus forts, on sent que Zoé a besoin de nous pour
> passer à travers, pour qu'on la soutienne, mais elle
> a besoin de nous ensemble et non pas de nous
> chacun de notre côté. Eh oui, je suis rendu plus à
> l'écoute des mes émotions. »

Le problème de santé d'un enfant peut être éprouvant pour
le couple. Bien que de nombreux parents fassent preuve d'une
solidarité accrue dans ces circonstances, l'inquiétude et l'épui-
sement risquent de les rendre irritables et de faire en sorte qu'ils
démontrent moins de considération l'un envers l'autre. De plus,
les parents peuvent vivre leurs émotions avec des manières qui
s'entrechoquent et débouchent sur des conflits.

J.-P.P. – Vincent souffre du diabète. Il a 14 ans. Lors
des rencontres avec le médecin, la mère est irritée par
l'optimisme que manifeste le père à l'égard de l'adaptation de Vincent à sa maladie. Elle a l'impression que
ses inquiétudes à elle sont invalidées par le médecin
et par le père. En discutant plus tard avec son époux,
elle découvre qu'il partage en fait ses inquiétudes,
mais qu'il essaie de composer avec celles-ci en pensant
de manière positive. Cet échange atténue beaucoup
l'irritation de la mère.

Une mère qui exprime ouvertement son inquiétude peut
avoir l'impression de ne pas être entendue, voire d'être rejetée
par un père qui ne répond à ses préoccupations que par des

mots rassurants, remplis d'optimisme. Le père qui n'exprime pas ses émotions afin de ne pas créer un fardeau affectif de plus pour la mère peut paraître froid et sans empathie. Parfois, la mère tient le père à l'écart, en assurant une présence au chevet et en n'impliquant pas le père dans les soins à dispenser. Ces dynamiques représentent autant de sources potentielles de conflit au sein du couple.

Les parents peuvent vivre moins d'intimité, car ils passent beaucoup de temps à l'hôpital. De plus, la détresse qu'ils portent chacun de leur côté et à leur façon peut les amener à chercher un recueillement solitaire. Cela peut également perturber les relations sexuelles du couple. Les parents ressentent moins de désir ou ils sont habités par un sentiment de culpabilité, comme s'il y avait quelque chose d'inconvenant à partager du plaisir quand leur enfant est souffrant.

Les parents séparés peuvent ressentir un grand malaise lorsqu'ils se côtoient à l'hôpital. Par ailleurs, ça peut devenir difficile pour eux de s'entendre sur les horaires de visite ou sur l'orientation des soins. Dans un contexte où leur enfant est malade, ils ont à se voir plus souvent que d'habitude. Les anciens conflits et les tensions peuvent refaire surface. Plus que jamais, l'enfant peut se sentir coincé entre ses parents et chercher à résoudre leur affrontement quand il ne devrait se préoccuper que de se rétablir. Par ailleurs, il est important de noter que de nombreux couples intacts sont durement éprouvés par le problème de santé de l'enfant et peuvent être entraînés vers la séparation.

Toutes ces situations de tensions et de conflits conjugaux, même si elles peuvent se résorber par un dialogue franc et attentif, justifient quand même un recours à l'aide d'une travailleuse

sociale ou d'un thérapeute familial afin de faciliter la communication et la résolution de problèmes.

> M.B.- « Moi, ça va être de la rage et elle, de la frus-
> tration. Dans un couple, il faut qu'on soit unis, de
> plus en plus unis, de plus en plus serrés pour être
> capables de vivre les émotions. »

> M.B.- « Ma conjointe m'a beaucoup aidé, ma con-
> jointe parle énormément, c'est elle qui m'a amené
> de plus en plus à être ce que je suis aujourd'hui. Être
> capable de m'ouvrir, être capable de dire ce que je
> pense, comment je vis les émotions, c'est grâce à
> elle, beaucoup. Moi, je dirais que, sans elle, je n'au-
> rais pas évolué; aujourd'hui, je ne serais pas rendu
> ici. Le fait qu'elle m'ait aidé nous permet de nous
> retrouver, cela nous aide, sans avoir les mêmes émo-
> tions, à partager ce qu'on vit […]. À bien le partager,
> puis à essayer de l'expliquer chacun à notre façon. »

La fratrie

> M.B.- « Mon rôle de père consiste à être présent au
> même titre pour les jumelles […]. Tu as une petite
> fille malade et tu as des jumelles qui vivent au tra-
> vers de ça. »

Les frères et sœurs d'un enfant malade vivent cette situation
avec des sentiments diversifiés. Ils voient leurs parents mobilisés
autour de l'enfant malade ou blessé et par le fait même ils se
retrouvent plus vulnérables dans toutes leurs inquiétudes, pour
l'enfant malade et pour eux-mêmes. Ils sont également vulnérables à des sentiments d'abandon puisque les parents leur

accordent moins de temps. Par conséquent, ils peuvent en vouloir au malade ou au blessé, lui souhaitant du mal, puis se sentir coupables d'entretenir ces pensées.

Dans ce contexte, le problème de santé de l'enfant peut leur apparaître comme un atout, dans la mesure où cela attire l'attention parentale. En effet, certains enfants, afin de mieux s'intégrer à ce qui se passe, vont assumer un rôle d'aidant auprès de leur sœur ou frère en préparant, par exemple, de la lecture pour l'hôpital. D'autres se comportent de manière irréprochable dans le but de ne pas représenter un fardeau supplémentaire pour les parents et de gagner du même coup leur approbation et leur gratitude.

> J.-P.P. – Stéphanie a 5 ans. Elle était dans l'automobile familiale avec ses parents quand le véhicule fut frappé par un chauffard. Stéphanie a subi un traumatisme craniocérébral. Ses parents n'ont eu que des blessures mineures. Sa sœur Alice a 7 ans. Elle n'était pas dans l'automobile lors de l'accident. Depuis l'hospitalisation de sa sœur, Alice fait des cauchemars. En discutant avec elle, son père apprend qu'elle se sent coupable de ne pas avoir été dans l'automobile lors de l'accident et d'en vouloir à sa sœur pour l'attention parentale qu'elle monopolise actuellement. Le père explique à Alice qu'elle n'est pas coupable et que ses réactions sont normales.

Le père – autant que la mère – peut faciliter l'adaptation de la fratrie au problème de santé de l'enfant. L'un et l'autre peuvent expliquer la condition médicale d'une manière qui convient à leur âge. Cette information, qui doit être assez précise, permet à la fratrie de mieux comprendre les causes et l'évolution de la situation, et ainsi de ne pas se sentir coupable ni vulnérable. Les parents doivent peut-être désamorcer de manière plus précise des sentiments de culpabilité irrationnels. Ils peuvent également offrir de la rétroaction positive à la fratrie qui compatit avec l'enfant malade, tout en l'encourageant à poursuivre ses routines quotidiennes. Cette forme de validation consolide le rôle de la fratrie dans les circonstances et lui fournit une structure de soutien.

La famille élargie

Dans le contexte actuel, la famille élargie peut – en principe – être très vaste : beaux-pères et belles-mères des familles reconstituées, formation de nouveaux couples chez les grands-parents… Malgré tout, nombreuses sont les familles à n'entretenir des relations qu'avec un cercle étroit de parents.

S'orienter dans le réseau familial, savoir qui contacter et qui ne pas contacter peut s'avérer un défi de taille pour le père. De plus, chaque membre de la famille qui représente une source potentielle de soutien peut également se transformer en fardeau. Le père et la mère ont souvent à soutenir les grands-parents qui sont attristés à la fois par ce qui arrive à leur petit-enfant aux prises avec un problème de santé et par la souffrance de leur enfant qui veille au chevet.

J.-P.P. – Benjamin a 4 ans. Il a subi une chirurgie orthopédique. Son père passe beaucoup de temps à transporter les grands-parents à l'hôpital. Par conséquent, il est moins présent au chevet de l'enfant qu'il souhaiterait l'être. En collaboration avec son épouse, il décide donc de limiter les visites de grands-parents.

Il y a aussi le phénomène de la divergence des points de vue. Par exemple, le père peut tenir beaucoup à être disponible afin de se trouver le plus souvent possible au chevet. Toutefois, le grand-père paternel peut considérer que le rôle du père dans ces circonstances devrait être celui de pourvoyeur. Cette divergence peut être vécue par le père sous la forme d'une pression morale et d'un manque de soutien. Si les dynamiques au sein de la famille élargie engendrent d'autres divergences de cet ordre, l'expérience du père devient d'autant plus difficile. D'où l'importance pour le père d'identifier précisément ses valeurs et la façon dont il veut s'engager auprès de son enfant. Après avoir procédé à cette identification, il peut se tourner vers les personnes qui soutiennent ses choix au lieu de les contester.

M.B.- « C'est une surprise que la sœur de Catherine a faite. Mon employeur a embarqué là-dedans, nos amis, nos familles. C'était tout simplement fou. C'était une levée de fonds, un dîner-spaghetti. Il y avait plus de trois cents personnes à ce dîner, il y avait même des gens que l'on ne connaissait pas. Je peux vous dire qu'il y avait une infirmière qui a pris

soin de Zoé aux soins intensifs, qui s'est dérangée
pour venir. Je peux vous dire que c'est tout simplement merveilleux, l'entourage. Si on vous offre de
l'aide, prenez-la. On a beau être forts, on a besoin
d'aide. »

L'adaptation à l'état de santé de l'enfant

M.B.- « Je n'ai jamais accepté que Zoé ait cette maladie. On apprend à vivre avec, on apprend à donner
les médicaments régulièrement. Elle apprend également à vivre avec. Tout notre entourage doit l'apprendre : mon frère, ma sœur, mes parents, du côté
de Catherine également. Quand on va faire garder
Zoé chez mes parents, il faut qu'ils donnent les
médicaments, il faut que ce soit assidu, il faut leur
montrer, il faut leur expliquer comment ça marche.
C'est une très grosse tâche d'avoir un enfant comme
ça, sauf que, au fur et à mesure qu'on assimile la
maladie, on apprend à vivre avec, puis cela se stabi-
lise et on se dit : " C'est pas si pire que ça, c'est stable,
les médicaments font leur travail, tout va bien ". »

Il y a des problèmes de santé chez les enfants qui boule-
versent sur le coup, qui nécessitent une intervention aiguë et
qui se résorbent assez rapidement. Par exemple, une fracture
mineure survenue lors d'un accrochage automobile-vélo. Les
parents ont d'abord très peur, puis ils sont vite rassurés par le
diagnostic, le plan de traitement et le prompt rétablissement de
l'enfant. Ils s'adaptent au fait que l'enfant a manqué quelques

jours d'école et ils sensibilisent l'enfant à la prudence à bicyclette. Toutefois, il y a d'autres problèmes de santé qui sont plus graves et qui représentent de plus grands défis d'adaptation pour les parents.

C'est le cas, par exemple, de maladies chroniques associées à certaines incapacités physiques ou intellectuelles. L'adaptation à de telles situations interpelle également le père dans sa spécificité. En général, celui-ci a plus tendance à promouvoir l'autonomie de ses enfants. Or, un problème de santé fait souvent obstacle à l'autonomie. Cette réalité attriste le père qui souhaite tellement que sa fille ou son fils arrive à s'épanouir pleinement dans le monde. Il s'inquiète aussi de l'exclusion sociale dont l'enfant risque d'être victime.

L'attitude du père oscille entre deux pôles. D'un côté, il y a une tendance à pousser l'enfant jusqu'au bout de ses capacités afin de maximiser son potentiel. À l'opposé, on retrouve une tendance à protéger totalement l'enfant de la déception par rapport à ses incapacités, à l'échec et à l'exclusion sociale. Dans les deux cas, on recherche le bien de l'enfant, mais les effets sont pervers. Lorsque le père met trop l'accent sur la réussite et l'accomplissement, l'enfant peut avoir l'impression qu'on attend cela de lui et rien de moins. Il finit par faire des efforts pour plaire au père plutôt que pour contribuer à son propre développement. D'un autre côté, le père qui n'expose pas l'enfant à des défis le prive de l'occasion de les surmonter.

Entre les deux pôles se trouve un juste milieu qui relève davantage du soutien aux efforts de l'enfant. Le père a un rôle d'accompagnement de son fils ou de sa fille qui se lance dans le monde. S'il trouve que la société n'est pas suffisamment adaptée au problème de santé de l'enfant, il peut se joindre à un organisme qui fait la promotion de cette adaptation et qui soutient les efforts des enfants et de leurs familles. Il s'agit souvent de groupes d'entraide ou d'associations formés autour de problèmes de santé spécifiques, diabète, cardiopathies, arthrite, dystrophie musculaire...

À l'adolescence, l'enfant cherche davantage à voler de ses propres ailes. Cela peut déstabiliser le père, habitué à jouer un rôle plus important dans la vie de son enfant. De plus, le père assiste parfois à des attitudes téméraires chez l'adolescent. Un jeune souffrant du diabète peut devenir moins fidèle à sa médication ou à son régime alimentaire dans le but de paraître plus normal aux yeux de ses amis. Cela peut donner lieu à des grincements de dents chez le père. Il est alors important de maintenir un dialogue avec l'enfant pour que celui-ci ne perde pas de vue les exigences de son état de santé. En participant à ce dialogue, le père poursuit son accompagnement du jeune à un autre niveau, c'est-à-dire vers la plus grande autonomie qu'implique la vie adulte.

L'adaptation au problème de santé de l'enfant demande au père d'intégrer ce problème dans sa vie et dans l'histoire qu'il se fait de sa vie. La place qu'accorde le père au problème de santé de son enfant est significative. Le père peut se représenter la maladie de l'enfant comme une punition divine ou un mauvais sort, la voir comme un problème à résoudre ou noter que le problème mobilise chez lui et d'autres membres de la famille de merveilleuses qualités humaines. Les options sont nombreuses, car il dispose d'une grande latitude et peut déployer une belle créativité.

> J.-P.P. – Lorsque Talia a subi l'amputation de son bras droit à l'âge de 8 ans, elle craignait ne plus pouvoir jouer au basketball, sa passion. Son père l'a aidée à apprendre à mieux dribbler de l'autre main et à intégrer sa prothèse à son jeu.

Évidemment, les scénarios à préconiser sont ceux qui mettent l'accent sur les forces et sur les qualités des personnes impliquées et sur les valeurs qu'elles partagent : compassion, courage, don de soi et persévérance. La façon dont un père se raconte l'histoire à lui-même influence grandement sa façon de la vivre et de poser des gestes.

Le père peut s'inspirer des membres de sa famille élargie qui ont eu à composer avec des problèmes de santé. Les comparaisons à établir sont toutefois limitées, car chaque situation comporte des éléments uniques, dont l'individualité des personnes concernées.

Enfin, il y a deux conditions que le père doit remplir pour s'adapter au problème de santé de l'enfant. Il s'agit de reconnaître sa propre vulnérabilité et d'avoir recours à de l'aide quand cela s'avère pertinent. La vulnérabilité peut avoir trait, par exemple, à ses émotions, à sa santé physique ou à sa situation financière. En recourant à de l'aide, il peut trouver une occasion de parler et d'être soutenu, il peut obtenir des soins et du répit pour améliorer sa santé ou de l'assistance financière pour améliorer sa vie de famille. Les centres locaux de santé et le personnel hospitalier peuvent l'aider dans ce processus d'adaptation.

Quand la mort survient

> M.B.- « Il ne faut pas tourner le dos à la mort et dire non, non, ça n'arrivera pas. »

Même si le risque de décès est présent à leur esprit, la majorité des pères n'ont pas à composer avec le décès de leur enfant. Ils ont plutôt à s'adapter à son problème de santé et à miser sur un bon rétablissement. Il faut toutefois aborder la question de la mort d'un enfant dans le but d'informer minimalement un père qui se retrouverait aux prises avec cette situation extrêmement malheureuse.

Quand un enfant décède, la perte est telle qu'elle sème la désolation dans le cœur des parents. Avec la disparition de leur fille ou de leur fils, une partie d'eux s'écroule. À l'annonce du décès, le choc est si intense que les parents arrivent difficilement à y croire. Commence alors un lent travail d'approche vers la réalité du décès et toutes les répercussions affectives qui s'ensuivent. Il est important que les parents procèdent à leur rythme et qu'on reconnaisse que le rythme de la mère n'est pas nécessairement celui du père. Toutes les émotions que nous avons abordées jusqu'ici peuvent faire surface : colère, déni, impuissance, culpabilité.

Les hôpitaux ont du personnel de soutien pour faire face à cette éventualité. Il s'agit de conseillers spirituels, de travailleurs sociaux et de psychologues. Ces professionnels peuvent accompagner les parents dans les étapes de leur deuil, les assister dans la réalisation de certains rites et les référer à des ressources appropriées. Pour de nombreux parents, il est essentiel de se recueillir auprès de la dépouille de leur enfant, de lui parler ou de prendre le temps de raconter à quelqu'un leurs souvenirs de l'être cher. Chose certaine, l'enfant va demeurer à tout jamais dans leur cœur et ils vont souhaiter poser des gestes qui honorent cette présence. Certains parents vont caresser le visage de leur enfant ou faire la toilette mortuaire, d'autres vont entreprendre des démarches pour assurer le don des organes ou organiser une cérémonie religieuse. Les choix dépendent des personnes, de leur culture, de leurs valeurs et de leurs croyances.

> J.-P.P. – Simon-Charles est décédé à l'âge de 13 ans en chirurgie d'urgence, après avoir été frappé par une automobile alors qu'il circulait en bicyclette. Ses parents sont dévastés. À l'hôpital, les parents et sa sœur de 16 ans se recueillent aux côtés de sa dépouille. Le père chuchote à Simon-Charles toutes les choses qu'il appréciait chez lui.

Conclusion

La réalité paternelle comporte, aujourd'hui comme hier, des particularités qui la démarquent de celle de la mère et des autres membres de la famille. De plus, chaque père remplit son rôle et ses fonctions en y mettant ses propres couleurs. Dans le contexte où un enfant est malade, il est possible de reconnaître certaines tendances qui côtoient par ailleurs une grande diversité dans la manière dont les pères s'adaptent à la situation.

Nous avons cherché à sensibiliser le lecteur à ces tendances tout en rappelant aux pères que leur personnalité compte pour beaucoup dans leur adaptation au problème de santé de leur enfant. Aucun père ne choisit une pareille situation, aucun père ne peut s'y préparer. Son seul recours est d'être père en s'appuyant sur le meilleur de lui-même et en épaulant le meilleur chez autrui.

S'il est important pour le père d'écouter les autres, il est aussi important qu'il s'écoute lui-même, qu'il se retrouve et exprime ce qu'il vit dans un dialogue constructif avec sa famille et avec l'équipe soignante. Nous souhaitons à tous les pères bon courage dans cette entreprise.

Quelques exercices

—————————————————————————————————————◼

Un peu de recul peut faciliter l'adaptation. Dans cet esprit, le père peut avoir recours, entre autres, à des exercices de réflexion. En voici quelques-uns qui pourraient leur venir en aide et qui ne nécessitent que quelques feuilles de papier et un crayon.

Agir comme un père

L'objectif de cet exercice est de mettre sur papier tout ce qui vous vient à l'esprit quand vous songez à la façon dont un père comme vous doit agir dans le contexte où son enfant a un problème de santé. Il s'agit, en fait, de noter sur une feuille des mots-clefs pour désigner surtout vos sentiments, vos actions et vos pensées. Après quelques minutes, vous aurez sans doute accumulé plusieurs mots et vous serez en mesure de constater en quoi consiste votre vécu ainsi que la lourdeur que cela représente. Cet exercice peut vous sensibiliser davantage à votre réalité, à vos forces ainsi qu'à vos besoins de soutien et de répit.

Les craintes et les espoirs

Voici un exercice qui concerne vos craintes et vos espoirs en regard du problème de santé que vit votre enfant. Sur une feuille, établissez une liste sur deux colonnes, l'une avec vos espoirs et l'autre avec vos craintes. Ne vous censurez pas. Ensuite, à côté de chaque espoir, notez ce qui contribue à sa réalisation et ce qui l'entrave. Faites la même chose pour chaque crainte. Demandez également à votre partenaire de faire la même chose et comparez vos listes. Il s'agit d'un excellent outil pour dynamiser la communication au sein du couple et y promouvoir le soutien mutuel.

Le triangle des besoins

Votre enfant malade ou blessé a des besoins. Votre conjointe et vous en avez également. Sur une feuille, dressez trois colonnes de besoins: ceux de votre enfant, ceux de votre conjointe et les vôtres. Il s'agit de besoins dans le contexte du problème de santé de l'enfant: soins, soutien financier, encouragement… Soyez précis et n'écartez rien.

Ensuite, dressez trois autres colonnes afin d'y consigner les personnes et les ressources qui pourraient répondre aux besoins de votre enfant, à ceux de votre conjointe et aux vôtres. Il se peut qu'un besoin ne trouve aucune réponse et que sa satisfaction demande davantage de recherche sur le plan des ressources. Dans ce cas, n'hésitez pas à en parler avec un travailleur social.

Suggestions de lecture

■

Voici quelques références qui pourraient apporter un complément d'information à votre réflexion et à votre cheminement:

Le séjour de mon enfant à l'hôpital, DE ISABELLE AMYOT, ANNE-CLAUDE BERNARD-BONNIN ET ISABELLE PAPINEAU (Éditions du CHU Sainte-Justine, 2004).

L'enfant malade: répercussions et espoirs, de JOHANNE BOIVIN, SYLVAIN PALARDY et GENEVIÈVE TELLIER (Éditions du CHU Sainte-Justine, 2000).

La place des hommes et la métamorphose de la famille, de CHRISTINE CASTELAIN MEUNIER (P.U.F., 2002).

Devenir père, de RENÉ FRYDMAN et CHRISTINE SCHILTE (Hachette pratique, 2004).

When Bad Things Happen to Good People, de HAROLD S. KUSHNER (Anchor, 2004).

Le vrai rôle du père, de JEAN LE CAMUS (Odile Jacob, 2000).

Grandir, aimer, perdre et grandir, de JEAN MONTBOURQUETTE (Novalis, 2007).

Bibliographie

ALDRIDGE, M. D. (2005). « Decreasing parental stress in the pediatric intensive care unit ». *Critical Care Nurse*, 25 (6), 40-50.

AMYOT, I., BERNARD-BONNIN, A.-C. ET PAPINEAU, I. (2004). *Le séjour de mon enfant à l'hôpital*. Montréal : Éditions du CHU Sainte-Justine.

BEAUCHAMP, D. ET THIBAUDEAU, C. (1995). *Pères présents, enfants gagnants*. Montréal : Hôpital Sainte-Justine.

BOARD, R. (2004). « Father stress during a child's critical care hospitalization ». *Journal of pediatric health care*, 18, 244-249.

BOARD, R. ET RYAN-WENGER, N. (2002). « Long-term effects of pediatric intensive care unit hospitalization on families with young children ». *Heart & Lung*, 31 (1), 53-66.

BOARD, R. ET RYAN-WENGER, N. (2000). « State of the science on parental stress and family functioning in pediatric intensive care units ». *American Journal of Critical Care*, 9 (2), 106-124.

BOIVIN, J., PALARDY, S. ET TELLIER, G. (2000). *L'enfant malade : répercussions et espoirs*. Montréal : Éditions du CHU Sainte-Justine.

CASTELAIN MEUNIER, C. (2002). *La place des hommes et la métamorphose de la famille*. Paris : P.U.F.

CLARK, S. M. ET SHANDOR MILES, M. (1999). « Conflicting responses : The experiences of fathers of infants diagnosed with severe congenital heart disease ». *Journal of the Society of Pediatric Nurses*, 4 (1), 7-14.

DAGENAIS, D. (2000). *La fin de la famille moderne: significations des transformations contemporaines de la famille.* Sainte-Foy: Presses de l'Université Laval.

DULAC, G. (1998). « L'intervention auprès des pères: des défis pour les intervenants, des gains pour les hommes ». *P.R.I.S.M.E.*, 8 (2), 190-206.

FRYDMAN, R. ET SCHILTE, C. (2004). *Devenir père.* Paris: Hachette pratique.

Kivel, P. (1993). *Men's Work: Facilitator's Guide.* Center City: Hazelden.

KUSHNER, H. S. (2004). *When Bad Things Happen to Good People.* New York: Anchor.

LAMB, M. E. (Éd.). (2004 – 4th ed.). *The Role of the Father in Child Development.* New York: John Wiley & Sons.

LE CAMUS, J. (2000). *Le vrai rôle du père.* Paris: Odile Jacob.

MARSIGLIO, W., DAY, R. ET LAMB, M. E. (2000). « Exploring fatherhood diversity: Implications for conceptualizing father involvement ». *Marriage and Family Review,* 29 (4), 269-293.

MAY, J. (1996). « Fathers: The forgotten parent ». *Pediatric Nursing,* 22 (3), 243-246.

MCNEILL, T. (2004). « Fathers' experience of parenting a child with juvenile rheumatoid arthritis ». *Qualitative Health Research,* 14 (4), 526-545.

MONTBOURQUETTE, J. (2007). *Grandir, aimer, perdre et grandir.* Montréal: Novalis.

NEIL-URBAN, S. ET JONES, J.B. (2002). « Father-to-Father Support: Fathers of Children with Cancer Share Their Experience ». *Journal of Pediatric Oncology Nursing,* 19 (3), 97-103.

NEWTON, M.S. (2000). « Family-Centered Care: Current Realities in Parent Participation ». *Pediatric Nursing,* 26 (2), 164-168.

PELCHAT, D., LEFEBVRE, H. ET LEVERT, M. J. (2005). « L'expérience des pères et mères ayant un enfant atteint d'un problème de santé : état actuel des connaissances. Article électronique » (www.erudit.org) : *Enfance, familles, générations*, 3.

PLOUFFE, J.-P. (2002). « Les blessures viriles : vers une Gestalt de l'identité masculine ». *Revue Québécoise de Gestalt*, 5, 89-110.

PLOUFFE, J.-P. (2006). « Comment se porte Papa ? La clientification du père ». *Intervention*, 125, 180-184.

PLOUFFE, J.-P. (2007). « Quand le père voit le jour ». *Grossesse*, 9 (3), 28-31.

PLOUFFE, J.-P. (2007). « La promotion de la paternité : Enjeux et perspectives d'avenir ». *Service social*, 53 (1), 41-60.

RIDDLE, I. I., HENNESSEY, J., WILLIAMS EBERLY, T., CARTER, M. C ET MILES M. S. (1989). « Stressors in the pediatric intensive care unit as perceived by mothers and fathers ». *Maternal-Child Nursing journal*, 18 (3), 221-234.

Recyclé
Contribue à l'utilisation responsable
des ressources forestières
www.fsc.org Cert no. SGS-COC-003153
© 1996 Forest Stewardship Council

Marquis imprimeur inc.

Québec, Canada
2008

Imprimé sur du papier Silva Enviro 100% postconsommation
traité sans chlore, accrédité Éco-Logo et fait à partir de biogaz.

certifié   procédé   100 % post-   archives   énergie
                  sans   consommation   permanentes   biogaz
                  chlore